AF248445

LES

OUVRIERS LYONNAIS

PAR

JULES STEEG

Se vend au profit des **Ouvriers de Lyon sans travail.**

BORDEAUX

FERET ET FILS, LIBRAIRES-ÉDITEURS

15, COURS DE L'INTENDANCE, 15

1877

LES
OUVRIERS LYONNAIS

PAR

JULES STEEG

BORDEAUX

FERET ET FILS, LIBRAIRES-ÉDITEURS

15, COURS DE L'INTENDANCE, 15

1877

Bordeaux. — Imp. G. GOUNOUILHOU, rue Guiraude, 11.

Invité à prendre la parole à Bordeaux, en faveur des ouvriers lyonnais, le dimanche 25 février, je crus ne pouvoir mieux faire que de parler d'eux, de leur ville, de leur industrie, de leurs travaux et de leurs souffrances.

Cette causerie à bâtons rompus a intéressé l'auditoire; on m'a manifesté le désir de la voir imprimée, avec l'espoir qu'elle contribuerait encore un peu au soulagement des misères que nous avions en vue de secourir. Je ne puis me refuser à un pareil argument, quel que soit le peu de valeur originale de ces pages.

Voici donc le résumé, aussi exact que j'ai pu me le rappeler, des paroles prononcées au Théâtre-Louit. Puisse-t-il accroître, en faveur de nos frères malheureux, le tribut que nous leur devons — et de secours, et de sympathie.

Libourne, le 27 février 1877.

J. S.

LES OUVRIERS LYONNAIS

Il y a trois semaines, un député du Rhône montait à la tribune pour signaler au ministre et à la Chambre, c'est-à-dire au pays, la triste situation des ouvriers lyonnais réduits à la misère par un chômage prolongé. Cet appel a été entendu. Aussitôt les grandes cités républicaines, Bordeaux, Toulouse, le Havre, Marseille, Paris, etc., ont voté des fonds pour venir en aide aux souffrances de nos frères. Des cités moindres ont suivi cet exemple L'initiative individuelle ne s'est pas fait attendre. Des souscriptions ont été ouvertes dans les journaux républicains, dans les cafés, les restaurants, les pensions. On a organisé des soirées, des spectacles, des bals, des concerts, des conférences. Toutes ces ressources sont insuffisantes en présence des besoins; mais elles peuvent diminuer le mal, et c'est déjà beaucoup. A nos dons, ajoutons des paroles de sympathie; elles en rehaussent la valeur. Ce qu'on donne a surtout du prix par la manière dont on le donne, par les sentiments qui accompagnent l'offrande.

Parler un peu de Lyon et des ouvriers lyonnais, les faire connaître, les faire estimer, aimer comme ils le méritent, c'est une marque de fraternité qu'ils ne repousseront pas et qui les aidera à mieux supporter la crise douloureuse qu'ils traversent.

I

Il n'a pas manqué déjà d'agents de désordre pour essayer d'exploiter cette crise en jetant des germes de mécontentement et en accusant de tout le mal nos institutions actuelles. C'est la République, disent ils, qui est cause du chômage. Les ouvriers lyonnais ont fait bonne justice de cette ineptie, et ce n'était pas difficile. Ils savent, comme nous tous, que la crise industrielle et commerciale est universelle, qu'elle sévit sur tous les points de l'Europe laborieuse, qu'elle ne date pas d'hier, mais de plusieurs années déjà, qu'elle tient à des causes générales qui atteignent tous les pays et tous les métiers. Il y a eu excès de production, puis stagnation dans la demande. Il s'est formé de nouvelles concurrences, il s'est fermé d'anciens débouchés. La soierie souffre, mais l'horlogerie souffre aussi. J'étais il y a peu de jours au centre de la fabrication horlogère et bijoutière de la Suisse : là aussi il y a arrêt, stagnation, chômage, crise, et pourtant la République n'y date pas d'hier, et elle a vu l'extraordinaire succès et le développement de cette industrie.

La fabrication des étoffes de soie n'est pas moins atteinte dans l'empire d'Allemagne; on peut citer particulièrement Crefeld, le centre principal des manufactures de soie de la Prusse, de la fabrication des velours, des teintureries, où le chômage atteint des proportions considérables. Pour un métier qui chôme à Lyon, il y en a deux qui ont cessé de battre à Crefeld. Or, je ne sache pas que la République en ait sa part de responsabilité.

Loin de là, nous pensons que les institutions républicaines sont les seules qui puissent permettre d'atténuer, d'espacer et finalement à la longue d'amortir des crises de cette nature. Ah! si nous voulions retourner l'argument, comme nous pourrions sans peine démontrer la fatale influence du despotisme monarchique sur la prospérité d'un peuple et sur le développement du travail. Il nous suffirait de nous en tenir à l'histoire de notre pays. Qu'a été en réalité pour le peuple de France l'histoire de ses rois, sinon l'histoire de ses misères? Ce sont mille ans de gloire qui pourraient s'appeler tout aussi bien mille ans de famine. La crise était alors en permanence : dans les villes, la sordidité, l'ombre humide, la colère sourdement grondant: à la campagne la nudité, la faim hâve et décharnée, l'ignorance bestiale, la terreur de tous les instants. On se cachait du fisc avec plus de soin que des voleurs. Ceux qui pouvaient se nourrir autrement que de racines arrachées au sol, le dissimulaient jalousement, pour ne pas attirer l'attention des gens du roi.

Rien de plus naturel. Le despotisme suçait la substance de la France. Une seule fête de grand seigneur dévorait la dîme de vingt villages. La « taille » (l'impôt) de plusieurs provinces fondait en un clin d'œil au feu d'un des caprices du roi. Les intendants, les fermiers généraux, les employés de tout grade pressuraient à outrance les dernières gouttes de la sève populaire. Nulle police d'ordre, nulles lois équitables, nulle liberté; pas de contrôle, pas de sécurité. Le despotisme, royal ou impérial, ce n'est pas seulement la honte, c'est la ruine, — jusqu'à ce que le peuple éperdu, indigné, désespéré, se lève et appelle à son secours la République libératrice!

Laissons donc de côté ces odieuses insinuations de mauvais citoyens (si ce nom peut leur être appliqué) qui voudraient exploiter la crise lyonnaise au profit du désordre, toujours préoccupés, quand ils voient quelque part une blessure aux flancs de la patrie, de l'aviver et de l'envenimer, pour augmenter ses souffrances et tirer profit de ses convulsions.

Aux causes générales du ralentissement du commerce, il faut ajouter, pour ce qui concerne Lyon, des causes particulières. En premier lieu, le renchérissement de la matière première, la soie des cocons. Depuis longtemps une maladie décime les vers à soie dans le Midi de la France et a ruiné bon nombre de nos magnaneries. Pour comble, cette année sont venues fondre ces désastreuses gelées du printemps dont nos vignobles ont tant pâti. Celle du 14 avril en particulier a porté un coup terrible à nos sériciculteurs en brûlant les bourgeons des mûriers et en rendant plus difficile, en quelques endroits même impossible, l'élève des vers. Aussitôt le marché s'en est ressenti. Il paraît que les dépêches ne se hâtent pas toujours plus qu'il ne faut entre l'Orient et la France; mais les nouvelles vont vite de France en Orient. Dès que les effets de cette gelée furent connus, les producteurs du dehors élevèrent immédiatement leurs prétentions, et l'on vit monter telle sorte de soie de 80 fr. à 150 fr. On cite des classes de cocons dont le prix s'est élevé en peu de jours de 80 et même de 100 pour 100.

Ces prix excessifs ont eu pour résultat le renchérissement des étoffes fabriquées et pour autre résultat plus de réserve dans les achats de ces mêmes étoffes par le commerce et le public.

Il n'y avait pas besoin de cet obstacle. Déjà les débouchés se rétrécissaient. L'exportation, qui est la principale ressource de l'industrie lyonnaise, était fortement atteinte. Les Etats-Unis de l'Amérique du Nord, l'un de ses marchés les plus avantageux, se sont peu à peu fermés par suite de la concurrence de fabrication qui s'y est établie. De plus, pour protéger leurs produits contre la supériorité incontestable des nôtres, ils nous ont barré l'entrée au moyen de tarifs si élevés qu'on peut les dire prohibitifs. Enfin la crise politique occasionnée par la lutte si prolongée pour l'élection du président achève de clore ce débouché à nos produits. L'Amérique du

Sud, à son tour, n'envoie plus que peu de commandes : les agitations politiques, les guerres civiles
continuelles ont frappé ces contrées d'insécurité;
les achats de luxe ont été taris dans leur source; les
belles étoffes de soie de la fabrique de Lyon, aux-
quelles se plaisaient leurs femmes, n'ont plus franchi
l'Océan qu'en quantité restreinte. On sait d'autre
part quel embarras a jeté sur le marché européen la
crise de Turquie, la guerre avec les Serbes et surtout
la crainte non encore disparue d'une conflagration
plus redoutable. A l'Est de l'Europe aussi notre
exportation se trouve donc entravée.

Ajoutons enfin que par une fâcheuse coïncidence
la mode s'est détournée depuis quelque temps des
étoffes de soie, et que nos ouvriers lyonnais se
plaignent de la simplicité inattendue, de l'austérité
farouche des femmes de France qui leur fait donner
dans leur toilette la préférence à la laine silencieuse
sur la soie gaie et chatoyante.

Mais cette cause est l'une des moindres, car c'est
surtout pour l'exportation que travaillent les ouvriers
lyonnais : les huit dixièmes de leur ouvrage vont
au dehors. On était arrivé à cet égard à un chiffre
fabuleux. La période décennale de 1857 à 1867 donne
pour l'exportation des soieries de Lyon une moyenne
de 465 millions par an. Il est vrai que la dernière
année de cette période, qui correspond à la fin de
l'Empire, accuse déjà une diminution assez importante, puisque le chiffre de 1867 descend à 422 millions. La guerre criminelle de 1870 n'a pu améliorer
cette situation, on le comprend, et les causes particulières que nous venons d'énumérer ont depuis
empêché la fabrication de reprendre énergiquement
le mouvement ascensionnel que nous pouvons
espérer pour l'avenir.

Ces chiffres, quelles que soient les fluctuations
accidentelles qui les élèvent ou les abaissent de
quelques millions, sont suffisants pour donner une

idée de l'importance de l'industrie des soies et de
la place qu'occupent les ouvriers lyonnais dans la
formation de la fortune française. Lyon achète
environ 200 millions de soie aux magnaneries du
sud de la France, à l'Italie, aux Indes, à la Chine et
au Japon, et il exporte près d'un demi-milliard
d'étoffes tissées!

II

La ville est admirablement située pour l'exploitation de ces richesses, pour ce commerce étendu.
Solidement assise au confluent du Rhône et de la
Saône, c'est à ses pieds que ces deux grands cours
viennent marier leurs eaux, l'un impétueux, bruyant,
qui se précipite d'un vigoureux élan des Alpes à la
Méditerranée, l'autre, rivière profonde, calme, qui
porte paisiblement ses fardeaux jusqu'à ce que le
Rhône les entraîne. Sept lignes ferrées la mettent
en communication avec toutes les directions du
monde et en font un lieu important de transit. Le
commerce et l'industrie y répandent une activité
féconde. Entre les deux fleuves, s'étend la ville
— presque toute renouvelée par les constructions
modernes; elle est agrandie par ses trois faubourgs
célèbres : Vaise sur la Saône, la Guillotière sur le
Rhône, la Croix-Rousse se dressant au milieu,
s'étageant au fond du tableau. C'étaient jadis trois
communes suburbaines que l'Empire a rattachées à
la ville, pensant tout enfermer dans un même cercle
d'oppression : il en a fait une compacte agglomé-
ration démocratique, animée d'un puissant souffle
de progrès.

Il faut remonter aux premières années de notre
ère pour trouver les origines historiques de Lyon.
On les attribue au gouverneur romain Munatius
Plancus, une espèce de Haussmann de ce temps-là
que son gouvernement aurait livré au démon des
bâtisses pour le détourner de plus dangereuses

ambitions. Que Caligula, Claude, Néron y aient
fait construire des édifices, cela ne nous offre qu'un
médiocre intérêt. L'histoire des ouvriers lyonnais
nous échappe à ces époques reculées. Dans le cours
du moyen âge, nous voyons Lyon devenir la
propriété d'un roi de Bourgogne; puis de son
frère, l'archevêque Burchart. O temps bienheureux
où Lyon était propriété archiépiscopale, simple
domaine, dépendance de l'archevêché, taillable,
corvéable et confessable à merci! Age d'or, s'il
en faut juger par les efforts désespérés que font
certaines gens pour y revenir! Comme ils doivent,
en regardant, du haut des pieux coteaux de Four-
vières, la grande ville d'un œil d'envie, regretter
ces siècles à jamais perdus où les moutons humains
paissaient l'herbe maigre sous la crosse du prélat
suzerain! Il paraît que les Lyonnais ne goûtaient
pas, comme ils l'auraient dû, la douceur d'un pareil
sort. Ils ont toujours eu la tête chaude sans doute,
car ils conçurent le projet téméraire de secouer ce
joug sacré, et ils y réussirent. Affranchis de la
domination épiscopale, ils se constituèrent en
commune indépendante, se régirent par une
magistrature élue, un Conseil — appelé Consulat —
dont les réunions s'ouvrirent en 1228. Quelle idée
digne de Lyonnais, n'est-ce pas, de bouleverser
ainsi l'ordre établi, de prétendre à être libres, de
substituer l'élection au droit divin, de mettre dessus
ce qui était dessous! Étonnez-vous, après cela, que
les cléricaux les traitent de révolutionnaires! Ils
commencèrent alors un siècle d'agitations, de
tourmentes, de luttes, mais ce fut un siècle qui
compte plus que double dans les annales d'une
cité; il est probable qu'ils partageaient à cet égard
le sentiment de cet ancien qui disait préférer à la
sécurité de l'esclavage tous les périls de la liberté.
Aussi pouvons-nous supposer qu'ils ne se virent
pas volontiers réduits à l'obéissance par le roi

Philippe le Bel, qui les soumit en 1312, les ayant vaincus pour son propre compte et non pour celui de l'archevêque Pierre de Savoie, auquel il ne laissa juridiction que sur certains quartiers de la ville. Alors, comme toujours, le trône et l'autel se disputaient la possession des peuples et cherchaient à se l'arracher réciproquement, après s'être unis pour les abattre. Le vrai moyen de les mettre d'accord, c'est que les peuples se possèdent eux-mêmes...

III

Au seuil de l'ère moderne, dans le grand siècle qui a si vigoureusement entrepris l'œuvre de l'émancipation morale du peuple, au xvie siècle, nous trouvons les ouvriers lyonnais vivement engagés dans cette lutte et y occupant une place d'honneur. La révolte contre l'autorité spirituelle de Rome avait conquis une foule d'adhérents dans le peuple lyonnais, et l'on voit des ouvriers de cette ville figurer parmi les héros inconnus qui ont préféré la prison, la torture et la mort à l'abdication de leur conscience. C'est à Lyon également que la découverte de l'imprimerie semble avoir été le plus tôt appréciée. Il s'y est du moins établi des imprimeries célèbres, tant par les éditeurs qui les dirigeaient que par les ouvriers qui y travaillaient.

Puisque nous en sommes là, comment ne pas nommer un de ces imprimeurs, Étienne Dolet, industriel intelligent et actif, savant latiniste, érudit, penseur, écrivain? Il imprima à Lyon une grande quantité de livres, dont plusieurs dus à sa plume, et s'attira la haine cléricale. Il fut jeté en prison à plusieurs reprises, le Parlement condamna aux flammes treize de ses ouvrages, soit écrits, soit édités par lui, et il fut enfin condamné lui-même à être brûlé sur la place Maubert pour crime d'hérésie. Saluons en passant cette victime du fanatisme, ce héros de la libre-pensée!

Un autre imprimeur éminent de Lyon à la même époque fut Sébastien Gryphe, qui édita entre autres plusieurs savants ouvrages grecs de médecine, corrigés par les soins de François Rabelais, — car Rabelais peut être, sans trop de violence, rangé parmi les ouvriers lyonnais, parmi les travailleurs de la plume et de la pensée. Correcteur d'épreuves, collationneur de textes chez Sébastien Gryphe, en même temps médecin à l'hôpital, c'est à Lyon que Rabelais conçut, écrivit et publia sa *Chronique gargantuine,* son *Gargantua,* son *Pantagruel,* cette épopée comique, ce grand poëme du rire français, gigantesque satire des abus de cette époque, ou plutôt cet acte d'accusation, ce réquisitoire ardent, violent, éclatant de bonne humeur, de bon sens, de haute raison et de profonde colère contre le monde du moyen âge, à l'agonie duquel il a si puissamment contribué.

IV

Dans l'admirable programme d'éducation que trace Rabelais pour son *Gargantua,* ayant sous les yeux les ouvriers de Lyon (bien qu'il place ses personnages à Paris), il veut que son élève soit conduit auprès d'eux pour s'y instruire de la théorie et de la pratique des divers métiers, et particulièrement « des haulte-lissiers, des tissutiers, des veloutiers, des teinturiers, et autres telles sortes d'ouvriers. » C'est qu'en effet l'industrie du tissage des soies était déjà installée à Lyon. On la fait remonter au delà de Louis XI. François Ier attira à Lyon des Italiens qui y donnèrent un vif essor. Henri IV et Sully l'encouragèrent; ils firent planter des mûriers dans tout le Midi de la France avec l'espoir, justifié depuis par les événements, de créer ainsi une industrie vraiment nationale. C'est du temps de Louis XIV, sous l'administration de Colbert, qu'elle reçut ses plus grands développements, mais aussi qu'elle se vit réglementée par les ordonnances les plus minutieuses, les plus vexatoires, celles, en un mot, qui semblent l'idéal de la protection et de la sagesse à nos gouvernements si passionnément centralisateurs.

Il y avait alors (avant 1680) de 9,000 à 12,000 métiers. Mais une idée folle passa vers ce temps dans l'esprit du roi et de ses courtisans : ce fut de faire expier les désordres de la vie du monarque par les souffrances d'une partie de ses sujets. Ils jetèrent le dévolu sur les plus honnêtes, les plus laborieux, les plus instruits de tous, qui faisaient honneur au pays par leur intelligence, leur conduite, leurs œuvres, leurs richesses acquises par le travail. Henri IV avait engagé envers eux sa parole par l'édit de Nantes. Louis XIV viola cette parole royale en révoquant l'édit de Nantes.

L'industrie lyonnaise fut particulièrement frappée. Lorsqu'après cette horrible période de vexations, de persécutions, de chasse à l'homme et à la conscience, on voulut se compter, les ouvriers en soie de la ville de Lyon ne se virent plus qu'en petit nombre. Les autres avaient péri dans les supplices, dans la fuite, aux galères, ou avaient pris le chemin de l'exil, heureux d'échapper aux dragons du roi qui leur barraient le chemin, et avaient l'ordre de ne les laisser ni vivre tranquilles dans la patrie, ni fuir la persécution sur les terres lointaines.

Auparavant, on comptait 12,000 métiers; après la révocation de l'édit de Nantes, il n'y en avait plus que 3,000. Non seulement l'industrie lyonnaise était ruinée par ce long orage, non seulement elle n'était plus en état de fournir aux commandes, d'alimenter le commerce qui s'adressait à elle et de soutenir sa réputation déjà si bien établie, ayant perdu tout à la fois les plus nombreux et les meilleurs de ses ouvriers; mais le coup portait double. Les ouvriers qui ne travaillaient plus pour la France allaient par force travailler contre elle; ils portaient au dehors leur habileté de main, leurs procédés industriels, leur ingéniosité, les secrets de la fabrication lyonnaise et de sa supériorité; les métiers qui avaient cessé de battre aux bords du Rhône et dont l'air de France ne percevait plus les échos, allaient battre le long du Rhin, de l'Escaut ou de la Tamise, aux échos de la terre étrangère. Il fallait vivre, gagner le pain de la famille. C'est ainsi qu'une redoutable concurrence s'établit en Allemagne, en Hollande, en Angleterre, et que l'industrie française, chassée de France par des Français, allait enrichir l'étranger à notre détriment. Fruits amers du fanatisme! Sévère et féconde leçon pour tous les temps!

L'industrie de la soie fit ensuite de vigoureux efforts, passa par des situations bien diverses, tour à tour relevée et abattue, recevant le contre-coup des événements du dehors. Enfin, à partir du commencement de ce siècle, l'accroissement a pris une marche continue, que je vais indiquer en quelques chiffres.

Dès 1812, on comptait 12,000 métiers, à peu près le même chiffre qu'avant la révocation de l'édit de Nantes et qu'aux abords de la Révolution; en 1816, 20,000; en 1827, 27,000; dix ans après, 40,000, et 50,000 à la révolution de février. Ce chiffre s'est plus que doublé depuis lors. On évalue à 115 ou 120,000 le nombre des métiers qui se rattachent de près ou de loin à l'industrie lyonnaise; ils occupent environ 140,000 ouvriers, dont la moitié peut-être est rassemblée dans la ville de Lyon.

Ce sont ces ouvriers, ce sont ces métiers qui produisent les centaines de millions que reçoit chaque année l'industrie lyonnaise en échange des soieries qu'elle exporte à l'étranger ou qu'elle livre à la consommation nationale.

V

Savez-vous à qui doit revenir une grande part de cet accroissement, de ce développement inouï, de cette richesse? A un pauvre ouvrier lyonnais, dont le nom mérite d'être retenu par la postérité reconnaissante, plus que celui des plus grands conquérants et ravageurs de pays : c'est Joseph-Marie Jacquard.

Il est né à Lyon en 1752 d'une humble famille de travailleurs. Son père était tisseur de soie. Il fut employé dans son enfance au « métier à la tire, » c'est-à-dire occupé du matin au soir à tirer les « lacs » pour la confection des étoffes brochées que tissait son père. Rude occupation, abrutissante, qui tenait d'un bout de l'an à l'autre le tireur de lacs, ordinairement une femme, un enfant, dans une situation pénible, et contribuait à l'atrophier, souvent à le tuer prématurément.

Ne pouvant sans doute supporter cette fatigue. l'enfant devint apprenti relieur, puis fondeur en caractères. Lorsqu'il perdit son père, à l'âge de vingt ans, il se vit en possession d'un petit bien, c'est-à-dire des ustensiles et métiers de tissage. Il s'établit pour son compte, comme chef d'atelier, se maria, essaya de se créer une position indépendante. Mais il était possédé du génie de l'invention; il cherchait sans cesse de nouvelles améliorations aux instruments de son travail; il y consacrait ses pensées, son temps, ses ressources et finalement s'épuisait sans résultats. Les étrangers le bafouaient; ses amis le réprimandaient et finirent par l'abandonner. Seule, sa femme le soutenait envers et contre tous.

Cette lutte acharnée nous rappelle la noble et rude vie d'un autre ouvrier de génie, d'un « ouvrier en terre, » Bernard Palissy, qui jetait, lui aussi, dans la fournaise de ses expériences, tout ce qu'il possédait, et jusqu'à ses meubles. Sa propre femme se mêlait au concert des huées et l'invectivait furieusement.

Jacquard était plus heureux : Claudine Boichon, sa vaillante compagne, vendit pour le soutenir les métiers, ses quelques bijoux, tout le ménage, jusqu'à ce que la misère extrême les obligea à s'arrêter. Ils se séparèrent pour gagner leur pain. Claudine resta avec son enfant, se mit à tresser de la paille pour un fabricant de chapeaux ; Jacquard s'en alla chez un plâtrier du Bugey et y fut employé à chauffer le four !

Revenu à Lyon pendant le terrible siége de 1793, il dut la vie à son jeune fils, qui se procura deux laissez-passer au moyen desquels ils entrèrent, le père et le fils, dans le régiment de Rhône-et-Loire. Malheureusement, Jacquard vit périr son fils sous ses yeux et dans ses bras, mortellement frappé dans un combat qui eut lieu près du Rhin, et il s'en revint, désolé, trouver sa femme à Lyon, dans le grenier où elle menait sa misérable vie. Il travailla quelque temps à tresser de la paille avec elle, et finit par la perdre. Seul, pauvre, navré par toutes les douleurs du deuil et de la misère, il ne perdit pas courage, reprit l'occupation de tisseur en soie et en même temps les projets qu'il n'avait jamais cessé de porter en son esprit. Le jour il travaillait à la tâche, tissant chez un chef d'atelier ; le soir il essayait de préparer et d'exécuter les inventions qu'il avait ruminées, penché sur sa navette. A force de tailler et de retailler avec son couteau des bobines et des tiges de bois, il réussit enfin à mettre sur pied un métier de sa façon, qui obtint même une médaille de bronze à l'Exposition de 1801.

Il n'acquit à ce travail ni réputation ni fortune. Ce fut une tout autre occasion qui attira l'attention sur lui. Les Anglais avaient mis au concours l'invention d'un [illegible] faire des filets pour la pêche. Il s'y e[illegible] par[illegible]nt. Le bruit en arriva jusqu'aux or[illegible] de Carnot, qui fut étonné, qui voulut voir [illegible]venteur, et [illegible] lement l'installa au Conservatoi[illegible] des Arts et M[illegible]s de Paris, où il put se livrer à loisir à sa passion de perfectionnement des machines. Mais c'est à Lyon qu'il voulut appliquer les résultats de sa découverte ; c'est aux ouvriers lyonnais, ses compagnons et concitoyens, qu'il ne cessait de songer, désireux de supprimer les tireurs de lacs, d'épargner à de pauvres créatures un travail cruel et homicide. C'est parmi eux qu'il revint vivre.

Son but fut atteint. En 1804 il put exposer un « métier à la Jacquard », qui répondait à ses désirs, à ses intentions. Il fut récompensé par une médaille d'or, mais non, comme il l'aurait voulu, par l'adhésion des ouvriers. Ils ne comprirent pas tout d'abord la beauté de l'invention ; ils ne virent que le fait matériel, redoutable : c'est que la nouvelle machine supprimait les manœuvres, réduisait le nombre des ouvriers nécessaires, obtenait le même produit avec moins de bras. Souvent, hélas ! le progrès dans sa marche hardie fait des victimes, et ce n'est pas du premier jour qu'on peut recueillir la moisson qu'il a semée. Le peuple s'ameuta ; les prud'hommes donnèrent raison à ses exigences ; Jacquard se vit condamné, vit son métier brisé sur la place et faillit lui-même être jeté dans le Rhône par une foule égarée. Il ne se laissa ni décourager, ni irriter, et malgré ces amers déboires, il resta fidèle à la France, sa patrie, à Lyon, sa ville natale. Toutes les offres venues du dehors le trouvèrent sourd. Il repoussa la main que lui tendait l'Angleterre, et attendit patiemment des jours meilleurs.

Le temps se chargea de porter la lumière dans les esprits. Peu à peu les métiers à la Jacquard se généralisèrent dans les ateliers de Lyon, et à mesure qu'ils les pratiquaient, les ouvriers en comprenaient mieux le mécanisme et les incalculables conséquences. Il n'y avait plus en face du tisseur ces pauvres créatures blêmes, étiolées, les membres raidis, les bras courbaturés, les yeux usés à suivre les nombreux fils et à tirer les lourds maillons de plomb. Le métier se charge lui-même de toute la besogne : l'ouvrier sur sa chaise est comme un colonel qui commande à son régiment et en obtient une obéissance immédiate, chaque ligne exécutant de son côté les mouvements que les officiers lui ordonnent. Une pédale suffit à tout.

Des tiges droites ramassent à l'une de leurs extrémités les fils correspondants à ceux de la chaîne de l'étoffe ; ces tiges sont retenues en haut par un crochet aux clous de la « lisse » ou bande de bois qui est au-dessus du métier et que fait lever la pédale à chaque mouvement du pied de l'ouvrier. Ces tiges sont attachées vers leur milieu à des aiguilles horizontales dont l'extrémité est mise d'un côté en face d'un prisme tournant, tandis que l'autre extrémité est poussée vers ce prisme par un ressort.

C'est ici qu'éclate le génie de l'invention.

Sur le prisme se déroulent successivement des cartons percés de trous. Lorsque l'aiguille horizontale rencontre un de ces trous, elle ne bouge pas ; la tige qu'elle retient par un anneau demeure accrochée au clou de la « lisse » et est soulevée par la pédale. Aussitôt la navette s'élance entre les fils de la chaîne et y dépose sa trace de soie.

Si au contraire l'aiguille horizontale rencontre, au lieu d'un trou, un point de carton non percé, elle est repoussée en arrière, elle infléchit la tige qu'elle entraîne dans son mouvement ; la tige obliquée se détache de son clou, et la « lisse » s'élève cette fois-ci sans soulever ceux des fils de la chaîne qui correspondent à la tige écartée. La navette s'élance alors pour continuer sa trame sans marquer de la « duite » la portion d'étoffe qu'elle ne devait pas toucher.

Ce sont donc les cartons qui indiquent au tisseur, ou pour mieux dire aux aiguilles et à la navette le dessin qu'il faut exécuter. Les trous percés sur ces cartons correspondent aux traits et aux couleurs que l'artiste a peints comme modèle.

C'est ainsi que les musiciens d'un orchestre n'ont devant eux qu'un papier blanc sur lequel sont marqués des points noirs disposés dans un certain ordre sur les lignes de la portée. Qu'est-ce que ces petites taches? L'œil de l'artiste les lit à merveille, sa main les traduit sur l'instrument, et ces marques se répandent en flots d'harmonie. Les trous percés sur les cartons du métier à la Jacquard sont la notation musicale des formes et des couleurs; les aiguilles clairvoyantes les lisent au passage, et l'ouvrier intelligent les exécute!

L'heure de la réparation et de la récompense tant enviée sonna enfin pour Jacquard. Lorsqu'il mourut plus qu'octogénaire, en 1834, il était entouré de l'admiration et de la reconnaissance universelles. Les ouvriers lyonnais les premiers appréciaient la haute valeur de son génie et le comptaient avec orgueil comme un des leurs. Depuis 1840 sa statue de bronze décore la place Sathonay. Son nom est dans toutes les bouches, son invention dans tous les ateliers; elle a franchi toutes les frontières, elle s'est propagée dans le monde entier, y portant le nom et la gloire de l'humble ouvrier lyonnais.

VI

Laissez-moi maintenant quitter pour un moment les rues populeuses de la ville industrielle et vous entretenir comme dans un conte de fées.

Il y avait une fois, sous le beau ciel de l'Orient, dans l'Inde, sur cette terre luxuriante des jungles, une espèce de riche satrape, le tout-puissant favori d'un nabab. Il possédait de magnifiques palais où s'épanouissait la splendeur de la nature d'Asie et des arts de l'Europe. Des salles d'albâtre, des terrasses de marbre, des portiques finement découpés, des vérandas qu'ombrageait l'opulent feuillage de plantes précieuses, l'eau jaillissante, les fleurs embaumées, les bosquets mystérieux en faisaient un vrai paradis où tous les sens étaient charmés. Quand il sortait sur son cheval fringant, la foule de ses serviteurs le suivait, avec des dromadaires ou des éléphants richement caparaçonnés. Tous le saluaient au passage. Chez lui affluaient l'or et l'argent, les solliciteurs, les grands de l'État, et son caractère autant que les dignités dont il était revêtu, inspirait à tous confiance et respect.

Quel rapport y a-t-il entre ce haut personnage de l'Orient, ce satrape asiatique, et nos ouvriers lyonnais? Un très intime. Il tient à eux par sa naissance et par sa mort, par les débuts de sa vie et par son souvenir persistant. C'était Claude Martin, le fils d'un ouvrier de Lyon, d'un tonnelier. Né à Lyon en 1735, il eut une enfance misérable. Il s'instruisit surtout par lui-même; ce n'était certes pas le temps de l'instruction populaire, mais bien plutôt de l'ignorance — non laïque — et obligatoire. Doué d'un esprit d'aventures, il voulut se faire soldat, voyager. Arrivé à l'âge d'homme, il s'engagea dans le régiment des guides de Lally, soutint avec lui le siége de Pondichéry. Quand le siége fut fini, que le temps de son engagement fut expiré, assistant à la ruine de l'influence française dans les Indes, libre de sa personne et comprenant qu'il lui serait impossible, à lui, roturier, simple Martin, de faire son chemin sous les drapeaux français, il entra au service de la puissante Compagnie des Indes.

Elle fit de lui un sous-lieutenant, l'envoya en expédition dans le Bengale; s'étant tiré avec bonheur d'un naufrage, il attira l'attention, devint capitaine. Dans une de ses courses, il s'arrêta chez le nabab d'Aouda auquel il plut, qui le chargea de relever la carte de ses domaines. Ce travail lui réussit, d'autres également. Bref, le nabab Sujah, homme intelligent, comprenant tout le parti qu'il pourrait tirer d'un tel auxiliaire, obtint de la Compagnie des Indes qu'elle le lui cédât. Il fit de

Claude Martin le surintendant de son arsenal, son ingénieur, son négociateur; il l'employa pour des intérêts politiques, privés, commerciaux. Partout, le fils du tonnelier lyonnais se montra supérieur, et le nabab lui témoignait sa satisfaction avec une munificence tout orientale.

Martin, tout en développant les ressources naturelles du pays, s'enrichissait par la fondation et l'exploitation d'usines importantes, par sa médiation dans de grandes affaires commerciales. En même temps, il continuait à rendre des services à la Compagnie des Indes, qui lui conféra successivement les grades de lieutenant-colonel, de colonel et de major général. Il s'était fait bâtir des résidences princières à Lucknow et y menait une vie de grand seigneur. L'Angleterre insistait pour qu'il abandonnât sa nationalité, qu'il se fît naturaliser Anglais. Avoir un tel sujet leur faisait envie. Il s'y refusa jusqu'à la fin. « Je suis né Français, répondait-il, c'est Français que je veux mourir. »

Il mourut en 1800, laissant une fortune considérable. Par son testament, il léguait de grosses sommes à plusieurs villes en vue de l'instruction du peuple. Lyon n'était pas oublié. Il donna un double témoignage d'affection pour la ville de sa naissance et de sa famille, pour la population laborieuse d'où il était issu : d'abord en fondant une rente pour le rachat des Lyonnais détenus pour dettes; ensuite en consacrant une fortune à la création d'une école industrielle destinée à instruire gratuitement les fils des ouvriers lyonnais, à la condition qu'elle portât son nom, qu'il avait donné aussi à l'un de ses palais de Lucknow : *la Martinière.*

Cette école est fondée depuis cinquante ans. C'est une école polytechnique professionnelle, qui enseigne gratuitement les sciences et les arts appliqués à l'industrie. Elle est fréquentée par les fils de l'ouvrier, du boutiquier et du petit fabricant lyonnais. Elle a coûté un million d'établissement et possède un revenu annuel de plus de 100,000 fr. L'enseignement y est de deux années, avec une troisième année pour les élèves qui se sont le plus distingués. Elle renferme plus de 400 élèves, outre les adultes qui fréquentent les cours du soir. Plusieurs de ses élèves sont arrivés à l'École centrale de Paris et à l'École polytechnique ; elle a produit des artistes, des dessinateurs, des ingénieurs, des ouvriers habiles qui maintiennent l'industrie locale à un niveau élevé.

L'École municipale des Arts et Métiers, plus importante encore, aboutit au même résultat. Elle donne un enseignement très sérieux, très avancé, et ce sont de vrais artistes qui sortent de ses cours. Ils se feraient remarquer, ils acquerraient un nom, s'ils cultivaient l'art pour l'art. Ils préfèrent suivre les traditions lyonnaises, et consacrer à l'industrie locale leurs remarquables talents.

VII

C'est là en effet un trait distinctif de l'industrie lyonnaise : elle est artistique. C'est par là qu'elle défie toute concurrence et qu'elle a des rivaux, mais non des maîtres. Que ne font pas les Américains, les Anglais pour imiter et surpasser nos producteurs ? Ils ont des écoles de dessin, ils ont des professeurs, de bons ouvriers ; mais il leur manque ce que possèdent à un si haut degré nos ouvriers lyonnais, la flamme de l'art et du goût délicat, le feu sacré. C'est ainsi qu'après le coup fatal de la révocation de l'édit de Nantes, l'industrie lyonnaise, amoindrie, abattue, parvint à se maintenir et à se relever : les fabricants lâchèrent la bride aux artistes, et le règne de Louis XV vit éclore ces étoffes merveilleuses, dont on recherche encore aujourd'hui les débris comme de véritables objets d'art.

Un autre caractère de l'industrie lyonnaise, c'est

qu'elle s'accomplit pour ainsi dire en famille. Quand on nous parle d'une cité industrielle, de la fonderie, du tissage, de la filature, etc., aussitôt notre esprit se reporte vers quelqu'une de ces grandes manufactures que nous avons pu voir en réalité ou en image. C'est une immense caserne aux innombrables fenêtres; là des centaines d'ouvriers, d'ouvrières, s'empressent autour des machines bruyantes que le piston met en branle sans repos ni trève. Un tumulte assourdissant remplit les vastes salles; la surveillance n'y est pas toujours facile; les mœurs s'y altèrent trop souvent; parfois des lazzis peu innocents circulent de bouche en bouche. Plus ordinairement, c'est le silence forcé, la tâche rude, écrasante, sans horizon, sans haleine. Après la dure journée, ouvriers et ouvrières, même des enfants, s'en vont en longues files, le long des murs noircis, regagner leur logis froid où personne ne les attend, avec la perspective de recommencer le lendemain et tous les jours de la vie cette existence énervante, solitaire au milieu de la foule. Ce triste lot des ouvriers des usines du Nord n'est pas le lot des Lyonnais. Pas de grandes usines, mais de petits ateliers dispersés dans les logements privés. La famille possède un ou plusieurs métiers : tout le monde y travaille. Le chef de famille dirige, tisse; sa femme l'aide quand le ménage est fini; les jeunes filles ne sont pas inactives : elles garnissent de soie les cannettes (bobines destinées à l'intérieur de la navette) et prennent leur part de l'entreprise; les enfants plus jeunes, lavés, proprement vêtus, partent pour l'école et rentrent pour se retrouver avec leurs parents, sous les yeux desquels s'élève toute la petite couvée. Quelles meilleures conditions possibles de moralité, d'intimité, de bonne conduite, de bons sentiments que cette vie régulière, que cette occupation au foyer domestique, sanctuaire doublement sacré par la famille et par le travail?

Cette méthode a permis à l'industrie lyonnaise de s'étendre aussi à la campagne. Les paysans occupent de nombreux métiers. Les loyers sont moins chers, ainsi que la nourriture; point d'octroi, moins de frais de toute espèce. Pendant que le laboureur est aux champs, les femmes tissent à la maison; lui-même quand il rentre, ou dans la saison peu propice aux travaux du dehors, peut se mettre au métier. La plupart des étoffes simples se sont réfugiées à la campagne; la main-d'œuvre est moins coûteuse et le fabricant s'y retrouve mieux. C'est à ce point que sur environ 120,000 métiers, on en peut compter 80,000 à la campagne pour 30 à 35,000 en ville.

Le tissage de la soie se prête mal aux moteurs mécaniques, à l'action brutale et implacable de l'eau, de la vapeur. Il s'est cependant formé des usines, une notamment à Jujurieux, depuis 1835. Elle occupe 600 femmes, qui y sont logées, bien tenues, d'une moralité irréprochable. Ces manufactures ne peuvent confectionner que des tissus unis, les foulards, les crêpes, les tulles, généralement des étoffes qui ont besoin de passer ensuite par les bains de la teinturerie. Ces manufactures, qui ont pris du développement, occupent actuellement de 5 à 6,000 métiers.

Telles sont les trois formes de l'industrie lyonnaise: les manufactures, les tisseurs à la campagne et les ouvriers de la ville, les *canuts,* comme on les appelle, les ouvriers lyonnais proprement dits, la plupart groupés sur les pentes de la Croix-Rousse. C'est de là que viennent les tissus merveilleux, les riches étoffes aux dessins délicats, aux vives couleurs ou aux nuances fugitives, les soieries brochées dont se parent les reines dans les jours de gala. Il faut, pour arriver à cette perfection de travail, l'œil exercé, la main fine, le muscle souple, le nerf intelligent du « canut » lyonnais.

VIII

De la place Bellecour, on les voit s'étager les unes au-dessus des autres, les maisons de la Croix-Rousse, ces hautes maisons toutes pleines de familles ouvrières, cette immense ruche aux milliers de cellules. La Croix-Rousse! nom terrible, qui fait trembler et pâlir tant de gens. A ce seul mot « les ouvriers lyonnais! ». plus d'un a vu se dresser devant lui le spectre de la Révolution et de la Terreur. Quelle réputation ne leur a-t-on pas faite! De quelles calomnies n'ont-ils pas été l'objet! La Guillotière, la Croix-Rousse, la rue Grôlée, sont-ce des noms assez effrayants? Eh bien! le vrai, c'est que ce sont propos d'ignorants ou mensonges perfides. La population ouvrière de Lyon, de l'avis de tous ceux qui la connaissent et non de ceux qui ont intérêt à la calomnier, est la plus douce, la plus laborieuse, la plus patiente, la plus probe qu'il y ait. Veux-je dire par là qu'il n'y ait à Lyon ni ivrognes, ni paresseux, ni débauchés, ni voleurs? Non, il n'y a pas une seule grande ville qui ne serve de rendez-vous à certain nombre de vauriens. Mais le vrai peuple de Lyon, ceux que nous appelons les ouvriers lyonnais, méritent non la terreur, mais la confiance; non la haine, mais la sympathie; non le mépris, mais l'estime.

On cite les émeutes, les grèves... Eh bien! parlons-en. Elles datent de loin, les émeutes et les grèves. Il n'y a pas d'industrie plus sensible, on le conçoit, aux fluctuations de la mode, au contre-coup de tous les événements, que l'industrie de luxe de la soierie. Dans le xviiie siècle, il y eut souvent des agitations et des grèves, entre autres en 1744, en 1786. La grande insurrection de Lyon en 1793 n'eut pas d'autre motif. Ici, la réaction se trouve prise elle-même : ce fut une insurrection réactionnaire, fomentée et dirigée par les royalistes. Au milieu de la tourmente révolutionnaire, les travaux de luxe avaient perdu de leur importance, les métiers ne battaient plus. A qui la faute? A la chute du roi, au départ des nobles, répondait-on; les ouvriers le crurent, suivirent les Précy, les Virieu, barons et marquis insurgés contre la puissance invincible de la Justice, contre le droit imprescriptible de la France populaire.

L'émeute de novembre 1831 fut occasionnée par une question de tarif. L'ouvrage avait diminué. Les fabricants avaient baissé leurs prix. De bons ouvriers gagnaient 25 sous par jour pour 17 et 18 heures de travail. Ils obtinrent de la Chambre de commerce un arbitrage, un tarif minimum que les prud'hommes prirent l'engagement de faire appliquer. Les fabricants revinrent sur leur parole, prononcèrent des paroles injurieuses; on prit des mesures militaires provocatrices; les ouvriers descendus de la Croix Rousse furent accueillis à coups de fusil, ramassèrent leurs morts, élevèrent des barricades, devinrent en peu d'heures maîtres de la ville.

Qu'arriva-t-il alors? quels actes sauvages commirent ces « forcenés »? Aucun. Ils avaient le pouvoir absolu, les armes, nul contrôle. Ils furent graves, chevaleresques. Déchirés, en haillons, la colère au cœur, ayant faim, ils montèrent la garde à la Bourse, à la Recette générale, à la porte des fabricants les plus connus pour leur hostilité. Quelques marchandises furent brûlées, nulles volées. Deux pauvres diables pris en flagrant délit de vol furent fusillés aussitôt.

Qu'ils se soient révoltés de nouveau en 1834 contre la monarchie d'Orléans au nom de la République, et qu'ils aient succombé sous une épouvantable répression, nous ne leur en ferons pas un crime, nous qui glorifions les combattants de février 1848. Les insurrections politiques, il n'y a plus à en attendre d'eux : nous avons la République avec le suffrage

universel. Les émeutes de grèves, pas d'avantage.
Il n'y a plus de risque que la démocratie y recoure
désormais. Quand les grèves ont-elles été le plus
nombreuses? L'avez-vous remarqué? C'est à la fin
de l'Empire. Les ouvriers commençaient alors à
sortir de leur longue torpeur, à relever la tête, à se
rapprocher les uns des autres, à se sentir les coudes,
sans avoir la liberté de se réunir, d'étudier ensemble
à loisir les problèmes du travail. L'idée de résistance
par la grève est celle qui se présentait le plus
naturellement. Aussi, que de grèves alors, les unes
étouffées dans le sang, les autres éteintes dans
l'impuissance! Qu'il est douloureux d'avoir à pro-
noncer les noms d'Aubin, de la Ricamarie, et du
Creusot; souvenirs cruels qu'on voudrait pouvoir
effacer de notre histoire contemporaine et qui
peignent fidèlement une époque! Grèves à Paris,
des mégissiers, des employés de commerce, des
fondeurs; grèves au Nord et au Midi, de Mulhouse
à Bédarieux, de Dijon à Toulouse, de Rouen à
Bordeaux; grèves partout, dans les années 1868,
1869, 1870.

La guerre y a mis un terme, puis la République.
Malgré toutes les entraves de la législation subsis-
tante, les ouvriers, au milieu des événements
publics et à propos des élections fréquentes, ont eu
plus d'occasions de se voir, de discuter leurs intérêts.
Ils ont compris que les grèves sont un remède aussi
dangereux que le mal, une meule qui tourne à
vide, un épuisement réciproque, une arme à deux
tranchants qui blesse ceux qui la manient. Ils ont
vu que l'avenir est dans une meilleure répartition
des bénéfices par l'association, par le travail en
commun, par la suppression des intermédiaires
superflus, en un mot par la coopération.

Les ouvriers lyonnais sont en tête de ce mouvement d'émancipation rationnelle et progressive.
Ils ne sont pas utopistes. Ils ne demandent pas

l'intervention de l'État dans les affaires du travail, ni l'intervention de la force. Pas de rêves creux. Ils n'attendent que d'eux-mêmes la transformation du prolétariat. Ils apportent à cette élaboration un grand sens pratique et une remarquable intelligence, de l'aveu de ceux qui les voient le plus près et à les juger par les travaux du Congrès ouvrier. Ils ont foi surtout dans deux moyens. Le premier, c'est l'instruction.

Des écoles, voilà, à leurs yeux comme aux nôtres, le besoin profond et urgent de la démocratie : écoles primaires, écoles d'adultes, écoles professionnelles. Qu'on leur multiplie les moyens de s'instruire, et ils regarderont avec un suprême dédain les agitations cléricales qui ont pris leur ville pour principal théâtre. L'instruction pour acquérir la science : car ils sont persuadés que la science est le grand levier des temps modernes. La politique, l'économie sociale, la question ouvrière et toutes les autres questions qui surgiront au cours des temps, ne peuvent être résolues que par la méthode scientifique, expérimentale. Plus de droit divin, plus de panacée, plus de baguette magique : la science, la raison, le droit, le progrès par la lumière, voilà ce qu'ils cherchent et ce qu'ils demandent.

L'autre moyen, c'est l'association. Les ouvriers lyonnais en sentent la puissance. Ils entrevoient le rôle considérable qui est réservé aux chambres syndicales le jour où la démocratie pourra, voudra et saura en faire usage. Les lois sévères qui régissent les associations ont empêché jusqu'à ce jour l'organisation des chambres syndicales pour les tisseurs comme pour les autres corps de métiers. Cette organisation indispensable aux travailleurs pour la défense de leurs intérêts et pour l'établissement de caisses de prévoyance sérieusement alimentées, est le grand objectif des ouvriers lyonnais. En dépit des angoisses de l'heure actuelle, ils multiplient les réunions pour jeter les bases de cette organisation et arrêter les statuts. C'est cette question qui sera l'objet capital des études du prochain Congrès ouvrier de Lyon.

Les voilà donc, ces terribles Lyonnais! Prévoyants, économes, studieux, ils attendent tout de la science et de l'association. Ils espèrent, comme nous, avec une légitime impatience, les lois libérales si long-temps promises et toujours refusées, qui finiront par ouvrir la carrière à tant de forces latentes. On leur reproche leurs ardeurs. Admirons plutôt leur angé-lique patience, en nous rappelant leur attitude calme, froide et méprisante en face de tant de provocations qu'ils ont subies ces dernières années. Ils ont été blessés dans leur indépendance muni-cipale, dans leur dignité, dans leurs droits; leurs morts même ont été insultés. Ils n'ont rien dit. Ils ont attendu le jour de la délivrance, qui ne pouvait tarder.

IX

Mais laissons le passé et les espérances de l'avenir. Courons au plus pressé. Le plus pressé, c'est de soulager leurs souffrances. On compte aujourd'hui 25,000 métiers complètement inoccupés. On peut donc évaluer sans exagération à 30,000 le nombre des ouvriers atteints par le chômage, en comprenant, outre les tisseurs, les teinturiers, les apprêteurs et autres ouvriers employés aux multiples opérations que subit la soie avant le tissage.

Or, cette crise remonte au mois de novembre. Il n'a pas fallu moins de trois mois de chômage pour épuiser leurs économies et les réduire à l'état de misère où ils se trouvent actuellement. Leurs sociétés de secours mutuels (qui se comptent par centaines pour la soierie) sont fort bien organisées et suffisent à tout en temps normal. Mais qu'une crise se généralise et se prolonge, leurs ressources sont bientôt réduites à néant, puisqu'elles ne s'alimentent que de la cotisation des travailleurs.

Les voilà aujourd'hui sans travail et sans pain. Sans doute, cette misère est moins dramatique que celles qui ont récemment appelé notre concours à l'époque des inondations.

Ce ne sont pas des images de maisons effondrées, de trombes d'eau se précipitant sur les villages endormis, d'animaux entraînés par le courant, de pères engloutis dans l'ombre aux cris déchirants des leurs, d'enfants noyés dans les bras de leurs mères, de malheureuses familles réfugiées sur des meules de paille sapées par l'eau montante ou sur des toits branlants....

Les souffrances de Lyon sont mornes, secrètes, enfermées dans les murs des maisons, mais affreuses par leur prolongation et par le grand nombre de ceux qui souffrent à la fois, qui ne se peuvent entr'aider.

Représentez-vous ces mois d'inaction, ces économies disparues, ces besoins vulgaires de chaque jour qui reparaissent à mesure qu'on les a satisfaits. Il faut payer le loyer, payer le boulanger, le boucher, et l'on n'a plus le sou; il faut faire des dettes, essuyer des refus, restreindre la dépense, rogner sur la nourriture indispensable. Qu'il est doux, en temps habituel, quand vient l'heure des repas, d'entendre les enfants qui montent l'escalier en revenant de l'école; ils chantent, ils bavardent, ils ont faim, ayant bien travaillé et bien joué. Quel plaisir de les voir se précipiter autour de la table, mordre la miche à belles dents, dépêcher leur dîner avec appétit! Et maintenant, quand ils reviennent, ils s'étonnent de trouver la table si mal garnie, les morceaux si petits, si chichement mesurés, même quand le père se prive pour augmenter leur maigre portion. Repas silencieux, où l'on dévore ses larmes, et qui seront de jour en jour plus rares et plus difficiles. Et puis il fait froid à Lyon, le climat y est rude, malgré la clémence exceptionnelle de l'hiver. Le bois est cher, le charbon est cher, les chambres sont glacées et l'on ne peut plus se réchauffer par le travail. Pensons-y et hâtons-nous.

Ce que nous demandons pour les ouvriers lyonnais, ce n'est pas l'aumône. L'aumône habituelle est mauvaise, et pour ceux qui la donnent et pour ceux qui la reçoivent ; elle abaisse les uns, et les autres à tort croient s'élever d'autant ; elle est une dégradation, un encouragement à la paresse et à la platitude. Ici, nous ne songeons à rien de pareil. Les Lyonnais ont fait leur devoir quand nous leur avons demandé leur secours pour nos inondés. C'est à nous maintenant de faire le nôtre. Entre frères, il se faut entr'aider. Les ouvriers lyonnais n'ont pas tendu la main pour demander ; c'est nous qui leur tendons une main fraternelle, trop heureux de faire quelque chose pour cette fière cité républicaine. Pas un appel n'est sorti de leurs rangs ; ils ont souffert en silence jusqu'à ce qu'un de leurs représentants ait élevé la voix et raconté ce qui se passe. C'est encore nous qui sommes redevables aux Lyonnais. Ils ont beaucoup fait pour la liberté, pour le progrès, pour la démocratie ; ils ont élevé leur ville, par leur énergique persévérance, au rang d'imprenable forteresse de la République. C'est une citadelle qui ne capitulera pas, celle-là !

Montrons-leur donc que nous ne faisons avec eux qu'un cœur et qu'une âme, que nous sentons les liens intimes et forts qui nous unissent à eux, que leur devise, qui est celle de toute la démocratie française, est aussi not______ ___is « Travail, liberté, science et solidarité !

Montro____, non par___ paroles seulement, mais par des ____.   JULES STEEG.

Bordeaux. — Imp. G. GOUNOUILHOU. rue Guiraude, 17